SECOND DISCOURS

SUR

L'EXÉCUTION DES LOIS.

SECOND DISCOURS

SUR

L'EXÉCUTION DES LOIS,

ET EN PARTICULIER

De celle du 17 Thermidor an 6, *contenant des mesures pour coordonner les jours de repos avec le calendrier républicain;*

Et de celle du 23 Fructidor suivant, *contenant des dispositions nouvelles pour l'exacte observation de l'annuaire républicain :*

PRONONCÉ

A L'ASSEMBLÉE DÉCADAIRE

A STRASBOURG,

Le 30 Pluviôse, an VII de la République française, une et indivisible,

PAR LE C.en BOTTIN.

Imprimé par ordre de l'Administration centrale.

STRASBOURG,

Chez F. G. LEVRAULT, Imprimeur du Départ.
du Bas-Rhin.

An VII de la République française.

SECOND DISCOURS

SUR L'EXÉCUTION DES LOIS,

*Et en particulier de celles des 17 Thermidor
an 6 et 23 Fructidor suivant.*

————

CITOYENS,

C'est dans les institutions inventées par le génie de la liberté que les gouvernemens républicains trouvèrent dans tous les temps les plus surs élémens de leur stabilité : c'est à ses sages institutions que la République française doit cette attitude fière qui lui donne la certitude d'un triomphe constant. En première ligne y figure, sur tout, comme devant le plus affermir ses destinées, l'institution de l'annuaire républicain. Je le dis franchement ; c'est sur le plus ou le moins d'exécution des lois qui y sont relatives, que je mesurerai toujours les espérances ou les craintes fondées de la liberté.

Si cette vérité pouvait encore être couverte

de quelques doutes, les ennemis de la République eux-mêmes se chargeraient de les lever, par l'étude qu'ils se font de les décrier, par les efforts avec lesquels ils tâchent de les détruire, en les rendant odieuses.

Croiriez-vous, par exemple, Citoyens, que, tout récemment, un saint évêque émigré (1) a cru devoir, dans une belle lettre pastorale, défendre, sous peine de la damnation éternelle, à ses fidèles ouailles restées en France, de s'habiller, les jours de décadis, un peu plus proprement qu'à l'ordinaire ? Ce trait seul suffirait pour prouver jusqu'à quel point de fureur et de démence les ennemis de la liberté sont courroucés contre tout ce qui sent, tant soit peu, la république.

Gens faibles qui affectez encore de méconnaître le jour du repos décadaire, sentez quelles conséquences critiques pour vous : vos meneurs même nous apprennent à tirer de votre conduite insoumise !

Mais je ne viens pas ici lutter contre la malveillance ; c'est au temps à faire subir le joug, toujours si dur, de la nécessité, à ceux qui n'auront pas voulu subir celui des lois. Un devoir moins pénible à remplir m'a appelé aujourd'hui à cette tribune. En prenant pour texte, dans un précédent discours (2), la nécessité où nous sommes tous d'exécuter les lois de la République, et notamment celles relatives à l'annuaire républicain, je crois avoir prouvé aux hommes de bonne foi que nos intérêts les plus chers sont liés à la fidélité à remplir ce devoir sacré. Guidé par le même désir d'éloigner de mes concitoyens les désagrémens qu'entraîne toujours avec soi la non-exécution des lois, je viens aujourd'hui détruire les prétextes dont plusieurs voudraient encore légitimer cette non-exécution.

Je continuerai à m'attacher principalement à la disposition législative qui ordonne que les jours de décadis et de fêtes nationales sont des jours de repos dans la République, et à celle qui a replacé à des jours fixes de l'annuaire républicain les foires et les marchés ci-devant hebdomadaires, et fait un devoir de l'ouverture des boutiques tous ces jours-là, sans exception.

Les uns disent : ,, On nous répète sans ,, cesse que nous sommes libres : mais où est ,, donc cette liberté, si nous sommes forcés ,, d'ouvrir nos boutiques, d'étaler nos denrées, ,, contre notre gré? où est la liberté que l'on ,, nous vante tant? ,,

Où est la liberté?... Remarquons d'abord ici, Citoyens, que nous devons à l'expérience

A 4

la certitude que personne n'aime moins la liberté que ceux qui cherchent toujours à se couvrir de son nom pour éluder les lois. Ainsi, sous la première législature, le cri de ralliement de tous les traîtres, de tous les contre-révolutionnaires, était la *Constitution, toute la Constitution, rien que la Constitution !* tandis qu'ils ne voulaient autre chose que le rétablissement des abus du despotisme. Sous Robespierre c'était *l'égalité, la fraternité, rien que l'égalité pure et naturelle !* tandis que l'on cherchait à élever sur leurs débris une nouvelle tyrannie. En vendémiaire, en fructidor, c'étaient les *principes, rien que les principes, le bon ordre, la paix !* tandis que, dans la réalité, on n'invoquait que le désordre et le bouleversement de tous les principes, et, par suite, le rétablissement du trône et de l'autel.

Aujourd'hui on s'écrie : la *liberté, toute la liberté, rien que la liberté !* tandis que l'on ne cherche qu'à s'affranchir d'un devoir indispensable à la conservation de cette même liberté que l'on invoque si astucieusement.

Vous, à qui ce reproche est applicable, répondez-moi ! Que diriez-vous d'un artiste qui, ayant à concourir, avec un orchestre nombreux, à l'exécution d'un de ces morceaux de musique qui enlèvent l'ame, se permettrait de substituer à la partition qui lui a été donnée, le premier air qui se présenterait à sa fantaisie? n'en résulterait-il pas une dissonance qui ferait manquer l'ensemble? et trouveriez-vous que l'artiste se serait suffisamment justifié, pour parer à son expulsion de l'orchestre, en alléguant qu'il était libre?

Eh bien, Citoyens récalcitrans à la loi! la conduite de cet artiste extravagant est la vôtre, si vous persistez plus long-temps dans votre obstination sous prétexte de liberté. En effet, la vraie liberté consiste à pouvoir faire tout ce qui n'est pas contraire à l'ordre social et à l'intérêt des particuliers; elle repose sur l'harmonie la plus parfaite entre les lois qui protègent, et les individus qui sont protégés. Donc, toutes les fois qu'un individu, sous prétexte d'user de sa liberté, se permet une conduite contraire aux lois ou à l'ordre social, il n'est pas un citoyen, mais un vrai anarchiste, digne d'éprouver le sort de l'artiste dont je viens de parler.

„ Je serais bien disposé à me soumettre „ franchement à la loi, dira ce marchand, „ cet artisan, dont la boutique ou l'atelier ne „ sont ouverts qu'à demi à certains jours de „ marchés coïncidans avec certaines féries de „ son culte; mais, pour cela, il faudrait que

„ tous les autres en fissent autant. Que dira-
„ t-on de moi, si je suis le seul à ouvrir
„ entièrement ma boutique ? La malveillance
„ en tiendra note pour me nuire; elle s'ef-
„ forcera de me faire perdre mes pratiques;
„ et je ne recueillerai de ma soumission aux
„ lois que la diminution de ma fortune. „

Je conviens, répondrai-je à ce marchand,
à cet ouvrier, que ce prétexte est spécieux,
parce que malheureusement il existe encore
beaucoup de personnes faibles, que le fana-
tisme entretient dans l'égarement. Mais ne vous
apercevez-vous pas que vous concourez vous-
même à prolonger l'abus dont vous vous
plaignez ? En hésitant d'ouvrir votre boutique, votre atelier, à certains jours, vous auto-
risez l'hésitation de votre voisin, qui n'attend
peut-être que votre exemple pour le suivre;
et puis, comment voulez-vous qu'il soit mis
fin à ce dangereux résultat d'un faux respect
humain, si personne ne veut commencer?
Vous tous (je parle à ceux qui sont de bonne
foi); vous tous, qui vous plaignez de cette
entrave à votre désir de satisfaire pleinement
à la loi, voulez-vous connaître un moyen
infaillible de la faire cesser tout-à-coup ? il
est en votre pouvoir, il est simple. Que cha-
cun de vous prenne , en son particulier, la

ferme résolution d'ouvrir franchement (dût-
il être le seul), le premier jour de marché
qui coïncidera avec un jour férié dans son
culte. Il arrivera que le pas sera franchi par
tous du même jour ; ou, s'il en reste quelques-
uns en arrière, ce ne sera , à coup sûr, que
des malveillans, que l'activité de la police
saura bien réduire. Si vous perdez des pratiques , les républicains s'en apercevront , et
s'empresseront de vous en dédommager en
vous donnant la leur.

„ Mais, me dira cet artisan, qui affecte de
„ peupler ses ateliers d'étrangers, au détriment
„ des républicoles; ce sont des garçons de
„ métier étrangers, qui ne sont pas obligés
„ de faire le décadi. „

Eh! depuis quand donc des étrangers ont-ils
le droit de venir donner impunément en France
l'exemple du mépris pour les lois du pays
et pour la voix de leurs magistrats ? Ne savent-
ils pas qu'ils ne sont soufferts sur le territoire
de la République que sous la condition ex-
presse de se soumettre à toutes ses lois ? Que
dirait un roi voisin , si des français admis
hospitalièrement dans ses états, n'y signalaient
leur présence que par une conduite despec-
tueuse envers les magistrats , par la violation
des réglemens de police, des usages légaux

du pays, des institutions fondamentales de son gouvernement ? Que dirait-il ? ... Consultez ceux qui ont voyagé en pays étrangers, depuis la révolution surtout ; portez vos regards dans les cachots de la plupart des puissances de l'Europe, où un simple soupçon faisait tous les jours plonger des Français... De quel droit donc prétendez-vous que la République soit, moins que les rois, jalouse de la conservation de ses institutions ? Sur quoi fondez-vous la sécurité étrange que vous voudriez lui inspirer ? ... Allez, allez tenir ce langage captieux aux sots ou aux malveillans ! le bon citoyen vous regardera entre deux yeux toutes les fois que vous le lui adresserez, et la rougeur de votre front lui décèlera bien vîte la perfidie de votre intention.... Autorités constituées ! surveillez ces étrangers et ceux qui les emploient ; et si les premiers ne sont pas porteurs de passe-ports en régle, repoussez-les sur la rive droite du Rhin, comme des êtres dangereux pour la liberté de votre pays.

" Je sens bien, me dites-vous, la force de
„ votre raisonnement : je vois bien que les
„ destinées de la République sont fixées ; que
„ c'est une folie de songer encore au retour
„ d'un régime qui est détruit pour toujours
„ en France ; que ce que j'ai de plus prudent

„ à faire, serait de me conformer à la volonté
„ nationale, de me prêter, de bonne foi, à
„ l'exécution des lois : mais il faudrait pour
„ cela qu'il n'y eût pas de ces lois qui se trou-
„ vent en opposition directe avec la religion
„ que je professe. Par exemple, comment se
„ résoudre à se soumettre jamais à celle du
„ 23 fructidor, qui me force d'ouvrir ma
„ boutique, de venir étaler aux marchés, les
„ jours de dimanches, de sabbats et de fêtes
„ chômées dans mon culte ? „

Je vous entends ; vous prétendez que vous
pouvez impunément ne pas ouvrir vos boutiques, ne pas venir étaler vos denrées aux
marchés les jours fériés dans votre culte, lors-
qu'ils se rencontrent avec un jour de foire
ou de marché, fixé d'après l'annuaire républicain, parce que, dites-vous, votre religion
vous le défend.

Avant de vous répondre, permettez-moi une
seule question. La clôture de vos mêmes boutiques, à laquelle la loi vous astreint les jours
de décadis et de fêtes nationales, est-elle aussi
contraire à quelques points de votre religion ?
Non, vous n'oseriez l'avancer. Eh bien, cependant, la même obstination que l'on vous
a vus montrer à tenir, sous prétexte de religion, vos boutiques fermées à certains jours

de marchés publics, quoique la loi vous commandât de les ouvrir, ne l'avez-vous pas mise à tenir vos boutiques ouvertes les jours de décadis, quoique la loi vous commandât de les tenir fermées ? Cessez donc de mé dire que c'est par motif de religion que vous agissez, ou bien je crie à la mauvaise foi !

Cependant, je veux encore supposer, pour un instant, que l'on puisse, de bonne foi, opposer des scrupules de religion à l'exécution des lois sur l'annuaire républicain ; je veux, par exemple, que quelqu'un puisse sérieusement venir me dire : « je n'ose exécuter la loi „ qui ordonne l'ouverture des boutiques et „ l'étalage des denrées sur les places publi- „ ques à tel jour de marché, parce que ce „ jour-là est férié dans mon culte. »

Vous n'osez, lui dirais-je, ouvrir votre boutique et étaler ces jours-là ! ... mais, répondez moi : n'avez-vous jamais été témoins que, sous l'ancien régime, des foires, des marchés publics se soient tenus des jours de *dimanches* ou de *fêtes* d'un culte ? N'y avez-vous, vous-mêmes, jamais fait d'emplettes, consommé de marchés ? Auriez-vous déjà oublié que les principales fêtes de votre culte, celles, même, à la célébration desquelles vos co-sectaires devaient apporter le plus de ferveur, se trouvaient précisément consacrées , sur tous les points de la France monarchique, à ces foires, à ces marchés extraordinaires, connus sous la dénomination de *rapports* , *messe* , *mestag* , *kirchweihe* (3), où une jeunesse inconsidérée venait, loin de l'œil surveillant d'un père ou d'une mère, se livrer à des divertissemens bruyans, à des danses, à des orgies, où les mœurs étaient encore plus insultées que votre religion ? Quoi, vous pouviez voir sans alarmes ce scandale, contre lequel les lois civiles même élevaient un cri, souvent impuissant ; et vous êtes, soudain, devenus si scrupuleux, aujourd'hui qu'il s'agit, pour ces mêmes jours , d'une simple ouverture de boutiques commandée par la loi, qui n'entrave, du reste, en rien les pratiques particulières de votre culte, et n'est d'aucun danger pour la moralité !... Où est donc votre bonne foi ? où est votre religion ?

Agriculteurs ! jardiniers ! vous le savez, toujours il vous fut permis de travailler les jours fériés dans votre religion, pendant les semailles et les récoltes de tout genre ; le ministre du culte qui aurait prétendu vous ôter cette faculté, sous des prétextes religieux, n'eût pas été écouté. Si je vous demande, maintenant, si je demande à vos prêtres, à vos ministres,

par quel motif se légitime ce travail extraor-
dinaire aux jours fériés , vous me répondrez ,
ils me répondront, que c'est du motif de l'utilité publique attachée à la conservation des
récoltes. Il est puissant, sans doute , ce motif,
et ce serait outrager l'Être souverainement bien-
faisant, qui fait croître les récoltes, que de les
laisser perdre sous prétexte de l'observation
d'un jour férié. Eh bien ! ce que la loi vous
demande aujourd'hui a bien un plus puissant
motif encore : son objet n'est pas seulement
une utilité locale, c'est l'intérêt de tous. Habitans de la République ! il ne s'agit pas seulement de vous conserver des récoltes dont
la perte pourrait , après tout, se réparer par
les secours tirés de vos voisins : il s'agit de la
conservation de votre fortune entière, de celle
de votre religion même, dont les lois républicaines assurent à tous le libre exercice, tandis
que sous les rois quelques sectes , seulement,
jouissaient de ce droit accordé par la nature ;
de la vie de vos épouses , de vos enfans, de
tout ce qui vous est le plus cher , puisqu'il
s'agit de la conservation de la République qui
les protège ; et que, de l'aveu même de ses
ennemis, la stabilité , la tranquillité de la République sont, sur tout, attachées à l'affermis-
sement de ses institutions.

Sous l'ancien régime, lorsque nous gémissions sous l'oppression flétrissante de la royauté, n'est-il pas constant que, quand le souverain commandait un travail public à un jour férié, dès-lors il devenait permis, aux yeux même des cultes les plus stricts, ce travail n'eût-il pour objet que les divertissemens du tyran et de sa cour impure? Eh bien! aujourd'hui, c'est l'unique légitime souverain, le peuple, qui parle par l'organe de la loi ; et, remarquez bien, qu'il se borne à faire de l'ouverture de vos boutiques, de l'étalage de vos denrées sur les marchés, une obligation pour les jours désignés pour la tenue des marchés publics ; c'est-à-dire que, sur cinquante à soixante jours fériés dans votre culte, elle vous demande d'en consacrer huit ou dix à l'avantage de la République (4): et vous vous y refusez ! ... où est donc la bonne foi dont vous vous targuez tant ? où est votre conformité de principes avec Jésus, ce législateur si bon citoyen, dont vous vous vantez de suivre la doctrine ? Encore une fois, où est votre religion ?

Je terminerai, Citoyens, en fixant votre attention sur une remarque que j'ai faite depuis long-temps, et qui est d'un intérêt toujours nouveau pour moi ; c'est que ce sont les vieillards qui mettent le plus d'exactitude à

chômer le repos des décadis et des fêtes
nationales. A voir ces groupes de vénérables
aux cheveux blancs, honorant, particulière-
ment ces jours-là, les promenades publiques
de leur présence, y portant avec une espèce
d'orgueil l'habit qui avait été fait dans le prin-
cipe pour la solennité des fêtes religieuses ;
conversant entre eux des événemens du jour,
avec cet air calme et serein que donne le
silence des passions : le sincère ami de la liberté passe avec circonspection à côté d'eux
pour ne pas les troubler ; il s'arrête à quelque
distance, plein de respect, pour contempler,
à son aise, l'aréopage moderne ; son cœur se
dilate, des pleurs délicieux se pressent dans
ses yeux .... il ne s'arrache de ce spectacle
attendrissant qu'en s'écriant, dans le fond de
son cœur : " Vieillards vénérables, puissiez-
„ vous vivre encore long-temps pour l'intérêt
„ de la liberté et la leçon de vos contempo-
„ rains ! ...

Pourquoi donc, Citoyens, la vieillesse est-
elle la plus prompte à se plier aux institutions
républicaines, elle, en qui les habitudes de
l'ancien régime semblaient devoir rendre celles
du nouveau inaccessibles ? Pourquoi ? C'est
que, pour faire aimer la liberté, il ne faut que
la voix de la froide raison : c'est que ces con-

temporains du siècle ont été témoins de tous les excès de la tyrannie, qu'ils en conservent encore un souvenir pénible : c'est que leur cœur est inaccessible à ces petites passions de dépit, de vanité blessée; que sais-je? à cette fureur du bon ton qui oblige l'homme faible, non ennemi de la République, à singer les façons de ses antagonistes, à en prendre les formes grotesques, le langage grasseyant, la tournure incroyable, sous peine d'être anathématisé par la bonne société .... c'est que les vieillards ont une raison saine, une religion éclairée, et que l'une et l'autre leur disent qu'il n'y a pas de milieu entre être citoyen ou mauvais citoyen, et que nul ne mérite le titre honorable de citoyen, s'il n'est *franchement et religieusement observateur des lois de la République.*

VIVE LA RÉPUBLIQUE!

N O T E S.

(1) *Lettre de l'évêque émigré de Castres, à celui de Soissons ; interceptée au mois de frimaire dernier* (insérée dans le Rédacteur, n.° 1095).

Voici comme le saint homme s'explique sur le chapitre des fêtes décadaires.

. . . " CEUX qui veulent rester, je ne dis pas „ seulement catholiques, mais *chrétiens*, ne peu- „ vent obéir à aucun point de ce décret (celui qui porte que les décadis et fêtes nationales sont des jours de repos pour toute la République) : „ ils ne peuvent fermer leurs boutiques les jours „ de décadis, ni se mettre plus proprement ces „ jours - là pour prouver qu'ils chôment cette „ fête. „

Je ne puis m'empêcher de faire remarquer ici, que le saint évêque ne s'intéresse pas seulement au salut des catholiques, mais que sa sollicitude s'é-tend, même, à celui des *chrétiens luthériens, calvi-nistes, etc.*; il croit donc, aujourd'hui, à la possi-bilité du salut de ces mêmes hommes qu'il dam-nait impitoyablement avant la révolution ! . . . . Veut-on savoir le motif d'un changement si subit ? Le voici. Ce saint évêque a condamné sans rémis-sion aux flammes éternelles de l'enfer, les *chré-tiens protestans, calvinistes, etc.* autant de temps que cette tactique lui a paru nécessaire pour maintenir un culte dominant, qui assurait à ses ministres suprêmes l'empire de l'opinion et des richesses : aujourd'hui , que ce culte dominant a cédé la place à une tolérance consolatrice , il croit à la possibilité du salut de ces mêmes *protestans* , *calvinistes* , *etc.* ; il daigne même s'en occuper , parce qu'il voudrait en faire des instrumens , dont les efforts réunis pussent relever , sur les ruines de la République , l'empire absolu du haut clergé , lui rendre ses coffres forts et ses concubines. Quel grand bout d'oreille , *Monseigneur* ! ! ! . . .

(2) Prononcé le 10 frimaire, an 7 , à l'assemblée décadaire à Strasbourg.

(3) On pourrait citer ici un grand nombre de faits contemporains des premières années de la révolution encore , et en appeler comme témoins oculaires tous les habitans du Bas-Rhin. Je me bornerai à quelques-uns, en conservant dans le récit les termes techniques des cultes.

A Stephansfeld, canton de Brumath, la solennité catholique de *la S. Jean* n'était-elle pas liée, annuellement, avec une foire publique, dont les étalages s'étendaient jusques dans la cour du ci-devant couvent ?

A Brumath, le jour de *la S. Louis*, patron de nos ci-devant rois, n'était-il pas en même temps un jour de foire dans la commune, lors même que cette fête coïncidait avec un dimanche ?

A Barr, à Kintzheim, à Ebersheim, n'en était-il pas de même le jour de la *S. Martin*, fête patronale ?

Et *la S. George*, fête ci-devant patronale de Châtenois, canton de Schelestatt (*extra muros*), où la solennité du culte était amalgamée avec les étalages d'une foire, le bruyant des danses publiques, avec des orgies, des excès de tout genre ? Combien de fois le sang n'a-t-il pas coulé sous les coups des pélerins s'entre - égorgeant dans la ferveur de l'ivresse ? Des citoyens actuellement existans peuvent encore montrer les cicatrices des blessures de la *S. George !*

Et la fête monacale du *Scapulaire* à l'abbaye d'Ebersmünster, où la cour même du couvent servait, de temps en temps, de champ de bataille entre les vineux pélerins !

Mais pourquoi citer des faits isolés , tandis qu'il est notoire que, dans toutes les communes du département, le jour de la fête religieuse, dite *la Dédicace*, était toujours signalé par un marché public, des danses, des jeux , des orgies ?

(4) Sur toute l'année, dans la commune de Strasbourg, les marchés publics, fixés aux 3 et 8 de chaque décade, ne rencontrent que dix jours connus dans les cultes sous le nom de *dimanches*. Or il y a dans l'année cinquante-deux de ces dimanches : ce n'est donc pas un cinquième de ces jours fériés qui coïncident avec des marchés publics. Dans la plupart des autres cantons il n'y a qu'un jour de marché par décade : ce n'est donc sur toute l'année que cinq jours fériés qui coïncident avec les marchés publics ; tous les autres sont libres ; et on se récrie ! .... où est donc la bonne foi ? . . .

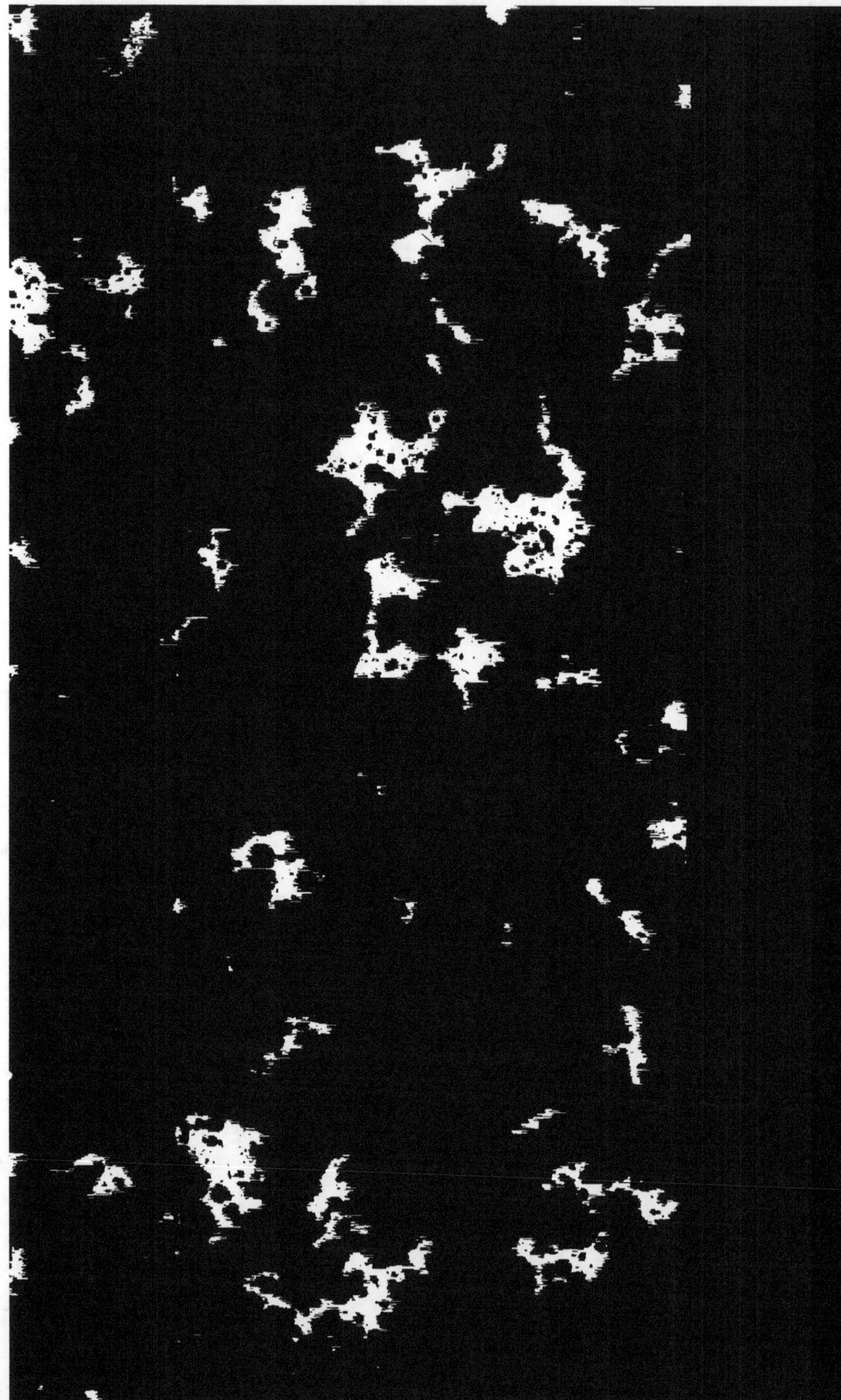